AHHHH

I'm So Bored!

HOPPY EASTER

Activity Book For Teens
Made by Teens

Instructions

Make a mess of this book!

Play with your friends or alone to pass the time.

Each game has individual instructions.

Solutions to puzzles in the back of the book

Most of all have some fun!

Find That Word

Find that word is a game about finding as many words as you can in a certain time frame. For this book we will say 3 minutes. You can make it longer if needed based on age and skill level.

1. Letters must be touching in a chain that is horizontal, vertical, or diagonal.

2. You can use a letter box only once in a chain.

3. Must have at least 3 letters to score.

Scoring

3 or 4 letters......1 point

5 letters......2 points

6 letters......3 points

7 letters......4 points

8 or more is 10 points

Play alone for fun OR with 2 or more players.

Spring Soccer Game

1. A virtual ball is placed in the center of the field. Players move the ball taking turns and aiming to the opponents goal.

2. The ball may be moved into 1 of the 8 paper line crossings around it (horizontally, vertically, or diagonally) one box at a time. Make sure to draw a line to the new position on each turn.

3.The ball is not allowed to hit the field border NOR go back to past moves BUT it can bounce off of them creating a second move for the player.

4. The first player to place the ball in the opponents goal wins the game OR the game may also end when a player does not have a valid move.

Extreme Dots & Boxes

With extreme you just have one extra large board to play several games or just one big one.

The goal is to own as many squares/boxes as possible. Two players take turns one by one making a line connecting dots with only vertical and horizontal lines. If a player completes the fourth side of a box then he/she has to write his/her initials in the box and then takes an extra turn.

Who ever completes the most boxes wins!

BONUS IDEA...This is also a great freehand pattern page or sketch page!

Word Search

1. There are 15 words to find in each search. These words can be horizontal, vertical, diagonal, and backwards.
2. Sometimes there will be 2 words put together; in this case the space was deleted in the search.

Example: Pep Rally in the search will be PEPRALLY

Sudoku

Sudoku is a single player logic puzzle using numbers. You are given a 9x9 grid with numbers in random places based off of difficulty level. The object is to place the numbers 1 through 9 so that

1. Each row and column have numbers 1 through 9.
2. Each box: 3x3 square have numbers 1 through 9.
3. With no repeats in the same row, column, or box.

Find That Word

P	D	I	A	W	F
C	H	U	R	G	Z
O	Y	A	T	E	G
V	L	Y	K	J	S
I	N	E	B	U	X
B	O	Q	M	Y	U

_____ _____ _____ _____

_____ _____ _____ _____

_____ _____ _____ _____

_____ _____ _____ _____

Extreme Dots & Boxes

Total Score

Total Score

Spring Soccer Game

How to Draw

Bunny

1

2

3

4

Practice

Bunny Run 1

Start →

Finish ←

Extreme Dots & Boxes

 Total Score

Total Score

Find That Word

U	D	C	A	W	N
E	A	Y	G	Z	E
O	R	U	S	I	P
m	Q	Y	Y	B	J
V	O	K	H	E	I
U	A	X	F	T	L

_____ _____

_____ _____

_____ _____

_____ _____

Spring Soccer Game

Word Search 1

```
m H B R I T H n n G F n
D S S Z B T F I G G O E
T C W D O G C A D I n A
P U O R I P m R T E D S
T J R B P A W C W C E T
n A M Y Z O E A A L L E
C O W O B R Y A I U I R
G J K F R K H A U F G S
H R T U O D T S B Y H E
W A S D L n O E Q O T R
D E V W O X n n U J F V
R V C T C I B n K A U I
Y A T B R E A K H E L C
Q O m I R A C L E L Y E
C F R I E n D S H I P n
```

BREAK	DONKEY	HIDE
CARROT	EASTER SERVICE	JOYFUL
COLOR	FRIENDSHIP	MIRACLE
COTTONTAIL	GIFT	RAIN
DELIGHTFUL	GOD	RESURRECTION

Easy

Top-left puzzle

7	8	5	4	1	6	3	2	9
		1	7	2	3	5		
3		2					7	6
	3				1			
6	2		3	9	5			8
	1	9	8	4	2	7		3
			1	6	8	2	9	
2	5	8	9			7	6	4
				5	4			7

Top-right puzzle

6	5	2	8	3	9		7	1
	1			7	2	5	3	
7	3	9	4		5			6
1		5	3	8	4		9	
	9					3	6	
			9	2	6		5	
4		6			3	2		7
9	2	3	7				8	5
5			6	8	9	4	3	

Happy Easter

Bottom-left puzzle

	4	6		7	3	2		
	2	8	6	4	5		3	
			2	9	8			6
6	1		5	8		7		3
3		9				6	5	
4	7		3		6	1	2	8
		4	7	3	8	5	6	1
8	6	1	4		2			
5			9			4		2

Bottom-right puzzle

6	1	3		2	8	7	9	4
	9	8	6	1		2		
5		2					1	6
	4			5				
7	3		1	8	2			9
	2	1	4	6	9	3		
1			8			5	3	2
	8				1	9	6	7
2		7		9	6	4		1

Egg Creation
Design your egg.

Spring Soccer Game

Extreme Dots & Boxes

Total Score

Total Score

Find That Word

I	G	U	I	E	E
C	T	I	y	Z	m
Q	O	L	B	O	D
R	V	A	Y	Z	A
H	W	X	S	P	K
O	F	J	W	U	n

_____ _____ _____ _____

_____ _____ _____ _____

_____ _____ _____ _____

_____ _____ _____ _____

How to Draw

Burger

1

2

3

4

Practice

Word Search 2

```
A Z Z L E H Q Q B D J Y
N D X B C B T Q L B A A
G Z E R L X Z P O D P S
E A U L C O V R S C E H
L H P J I N O E W L E W
C H U O Y C U M T O P E
S C A D S T I G J U S D
R Z N P T T C O E D G N
P A C A P F L V U Y E E
C R F X B Y I E V S K S
P F E U D T K X S X B D
H K N T S E I D O O G A
J E H E T P A S T E L Y
C Q F U W Y I K H Q S B
R I U X R V R N H K B D
```

ANGEL
APOSTLES
ASH WEDNESDAY
BLOOM
CANDY

CHURCH
CLOUDY
DELICIOUS
FAT TUESDAY
FESTIVE

GOODIES
HAPPY
PASTEL
PEEPS
PRETTY

Bunny Run 2

Start →

Finish ←

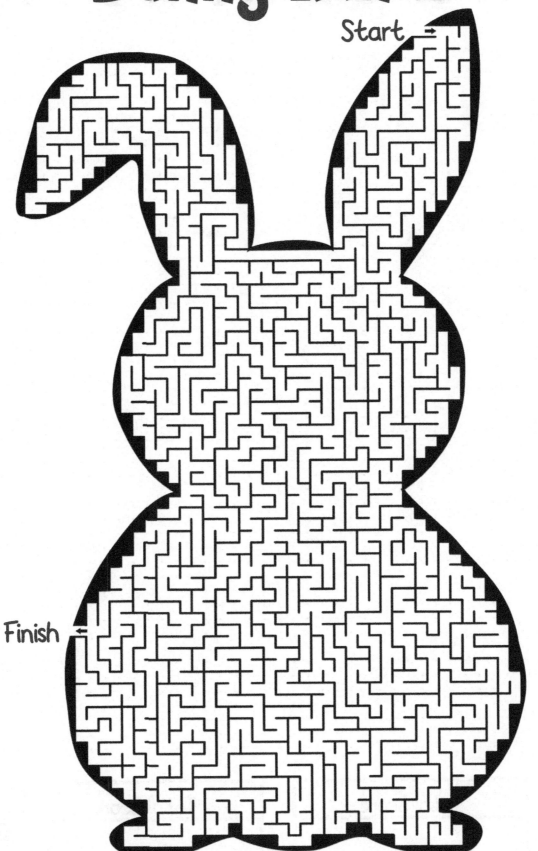

Extreme Dots & Boxes

Total Score

Total Score

Find That Word

C	O	B	T	E	A
n	y	I	O	O	G
U	V	Y	E	U	X
m	Q	T	W	F	K
D	A	P	R	U	G
L	H	S	I	Z	J

_____ _____

_____ _____

_____ _____

_____ _____

Egg Creation
Design your egg.

Find That Word

C	O	A	R	E	X
L	V	Q	D	S	K
W	m	B	A	T	P
O	E	U	H	C	Y
U	Z	W	Y	E	n
T	J	I	I	G	F

_____   _____   _____   _____

_____   _____   _____   _____

_____   _____   _____   _____

_____   _____   _____   _____

Extreme Dots & Boxes

Total Score

Total Score

Bunny Run 3

Start

Finish

Word Search 3

```
G D A R C Z K X T Z L D
R C O M M U N I T Y T K
A C O M F O R T R D S D
S P A Y P B E L H A A L
S E Z O X B O U C Q E O
G S H M G M Q R H G F V
O M P G N E I Q E R Z E
O E J R L F G Y A R J D
D R T N I Z R B V T V W
F V N C R N B E E X W C
R D E N F I G R N U K R
I X D C T W M A S S H C
D Z R H O L Y C V Y B F
A R A G O S P E L L D W
Y Z G G U W L P K W Z S
```

COMFORT	GOSPEL	LOVE
COMMUNITY	GRASS	MASS
FEAST	HEAVEN	RABBIT
GARDEN	HOLY	SACRIFICE
GOOD FRIDAY	HOP	SPRING

Spring Soccer Game

How to Draw

Carrot

1

2

3

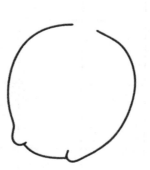

4

Practice

Find That Word

m	K	E	n	U	C
G	T	U	O	S	R
O	P	Y	C	V	Z
E	Y	n	X	A	D
I	I	H	U	Q	F
T	J	B	W	L	A

_____   _____   _____   _____

_____   _____   _____   _____

_____   _____   _____   _____

_____   _____   _____   _____

Extreme Dots & Boxes

Total Score

Total Score

Spring Soccer Game

Word Search 4

```
V D Y B S S L K F E F P
D F Q U E M B X L J L A
G n I n R O m W O m O L
E O R n R n P L R I P m
A O C Y F V H P A B P S
S O m D E S S E L B Y u
T A D O R A B L E Z E n
E D P A S S O V E R A D
R L U F I T U A E B R A
B I Y C S Y m B O L E Y
A A m R K A O n Q H D n
S n V O X L R J C O S Z
K J I H O P I n K n E I
E F I V P O Q n Z O B P
T H O L I D A Y G R L V
```

ADORABLE
BEAUTIFUL
BLESSED
BUNNY
DUCKLING

EASTER BASKET
FLOPPY EARED
FLORAL
HOLIDAY
HONOR

MORNING
PALM SUNDAY
PASSOVER
PLAY
SYMBOL

Egg Creation

Design your egg.

Extreme Dots & Boxes

Total Score

Total Score

Spring Soccer Game

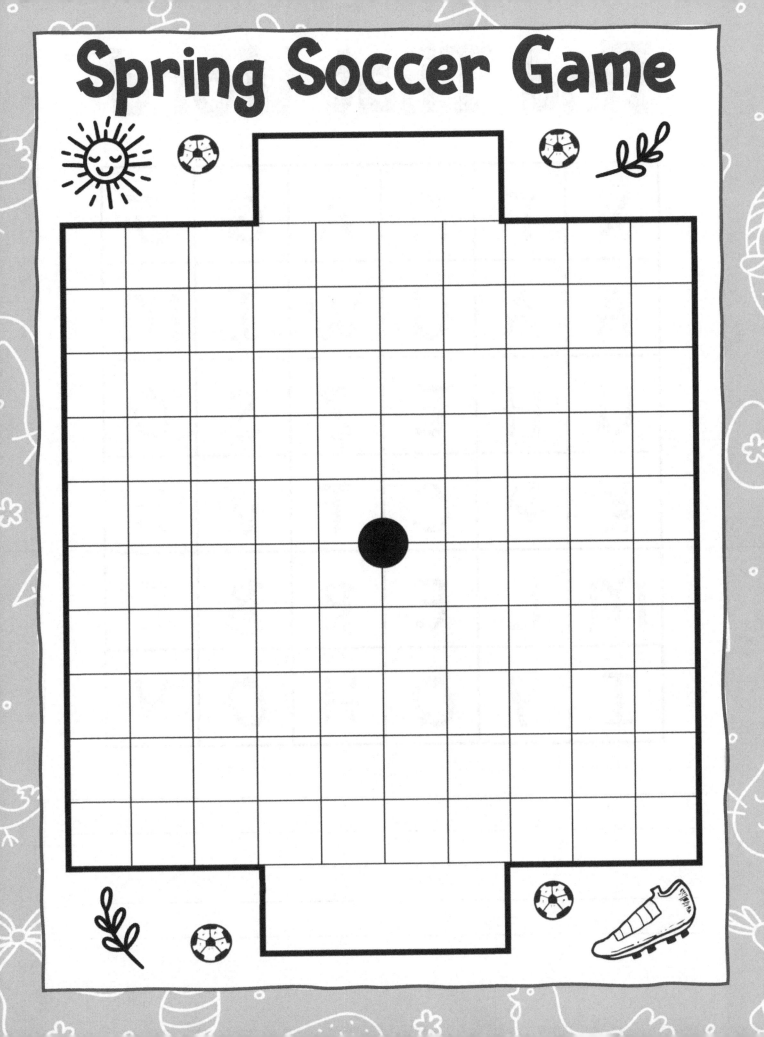

Find That Word

X	F	N	A	G	J
A	A	U	W	I	M
U	H	E	Z	S	O
K	P	C	T	V	D
M	L	E	R	B	E
I	Y	Q	H	O	Y

_____ _____

_____ _____

_____ _____

_____ _____

How to Draw

Chick

1

2

3

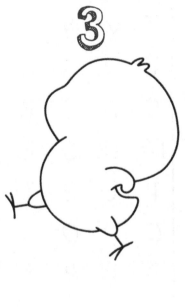

4

Practice

Word Search 5

```
W H K L V E T B I T F B
T W Y F E J K n J I A Q
E R A C S A L A K m I R
O A C B L H P U K E T H
m O S E I C A V Z O H V
R E S T L B S R O F F W
Q n O S E E L Z E F U O
D F R I m R B E A B L G
V L C R E Y A R P E n F
T n U H G G E S A I V V
K X F C T Z U A T T U L
F A I R P S T S Z Y E X
C n E R E Z A n A X A W
n J Z J U F J M A K W Z
E L U Y Z O V W C J U E
```

BIBLE	EASTER	JESUS
CARE	EGG HUNT	LEAP
CELEBRATE	FAIR	PRAYER
CHRIST	FAITHFUL	SHARE
CROSS	FASTING	TIME OFF

Word Search 5

```
W H K L V E T B I T F B
T W Y F E J K N J I A Q
E R A C S A L A K M I R
O A C B L H P U K E T H
M O S E I C A V Z O H V
R E S T L B S R O F F W
Q N O S E E L Z E F U O
D F R I M R B E A B L G
V L C R E Y A R P E N F
T N U H G G E S A I V V
K X F C T Z U A T T U L
F A I R P S T S Z Y E X
C N E R E Z A N A X A W
N J Z J U F J M A K W Z
E L U Y Z O V W C J U E
```

BIBLE	EASTER	JESUS
CARE	EGG HUNT	LEAP
CELEBRATE	FAIR	PRAYER
CHRIST	FAITHFUL	SHARE
CROSS	FASTING	TIME OFF

How to Draw

Chick

1

2
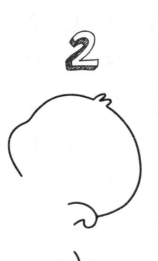

3

4

Practice

Medium

Puzzle 1 (top-left):

	1	3	6	8	9	2	5	
7	5	2	1					6
	6		7	2	5	1	4	
6			3		2		9	8
1			9	7	8			
3		9				7	1	
8			5		7			1
2	9		8			6	3	
5			1	2		3		9

Puzzle 2 (top-right):

	3	5		9		8	7	
2			7	8	6			1
	6	8		5	4		9	2
	8	2		3		1		
6	1		8	2		4		5
5		3		4	1		2	8
	4	1		6	5			3
3					2			9
	2			1	3	5		6

  ## Happy Easter

Puzzle 3 (bottom-left):

5		7	2	4	6	1		9
8		1		3		6	7	2
	2					5	4	3
7	8	4			1	3	2	
3			4	9		7	8	6
		9	8	7		4	5	
6	9							
		3						
1	7			2	5	9	6	

Puzzle 4 (bottom-right):

		9				2	3	4
8	3	7	9		4	1	2	5
		1	8	5	3	6	7	9
4	2	6		1	8	9		7
9		5				2		
7			2			8		4
1		8	2			4	3	
	5	2				7		1
		7		1		5	8	2

Egg Creation

Design your egg.

Find That Word

m	L	E	Z	O	O
I	J	U	G	B	H
U	S	J	D	T	Z
Y	A	E	C	E	Q
Y	X	V	P	K	I
F	A	W	R	n	n

_____ _____

_____ _____

_____ _____

_____ _____

Word Search 6

```
Q R E B H A T C H C S H
U F m H F G B V U H Z A
W A F T J J D D R I G n
L X I E C E m E G C P D
V m n K X L S S A K J S
F S D H H T I O J K A O
m O U H A E E V Y B P m
n Z W R L L S S E X L E
P A T I P R G O A Q L S
V E R D E R T L P R m B
U P U W T F I G L O R Y
A L O P U V A S I L I n
G L Y L E B H I E E m T
F T H U N D E R R R n H I
C O m m U N I O n T V T
```

ALIVE   FLOWERS   LENT
APRIL   GLORY   LIVE
CHICK   HANDSOME   RESTART
COMMUNION   HATCH   SURPRISE
FIND   LAMB   THUNDER

How to Draw

Spring Bird

1

2

3

4

Practice

Bunny Run 4

Start

Finish

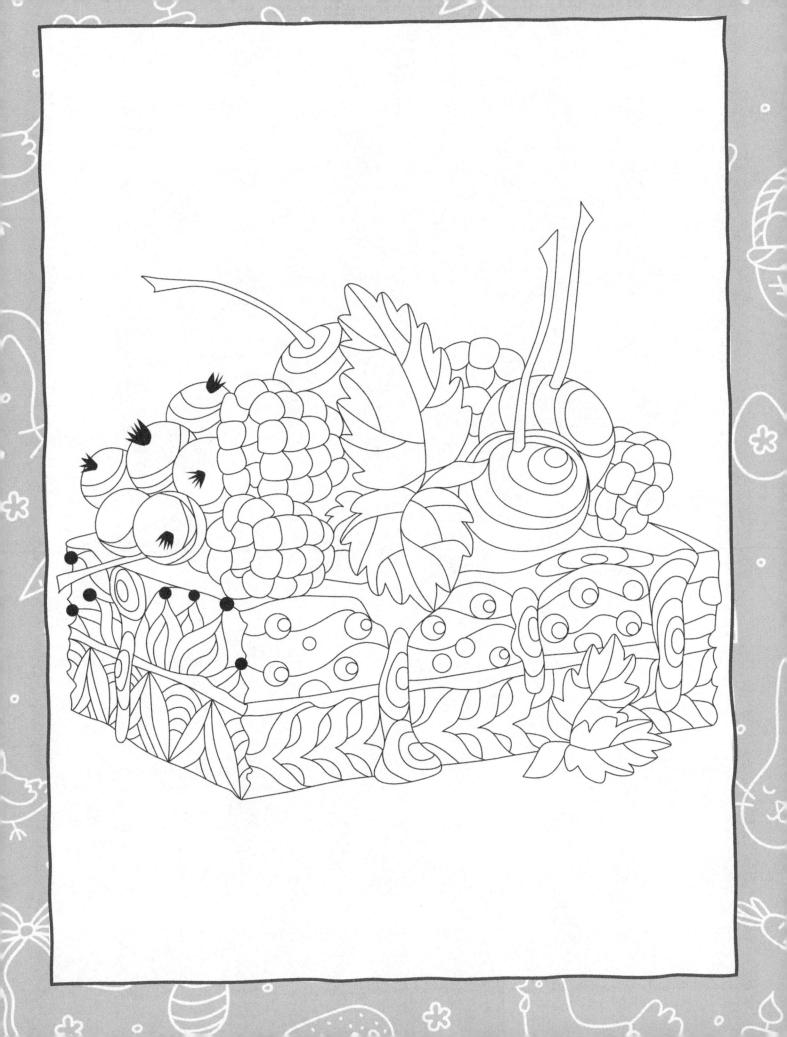

Word Search 7

```
L P A R A D E O B P Y O
E A C Q T J X R L I Y T
n O S E E L R O O P A M
E V H T I A F Y S n A G
R E J A Y Y T S H H m
G R Y R L U I H O T R H
I C L O B S P P m Z Y O
Z O S C C O L P S C L P
E m C E J A U N E S I R
D E S D n K X n Y R m E
L I S T E n B R C O A T
B R E A K F A S T E F T
H C P I G A Q I I G L I
m I B F B W A Y P B I L
W L R G O F I K O W T G
```

BLOSSOMS	FAITH	LISTEN
BOUNCE	FAMILY	OVERCOME
BREAKFAST	GLITTER	PARADE
DECORATE	HAM	PLANT
ENERGIZED	LAST SUPPER	RISEN

Find That Word

I	O	E	A	R	F
F	E	K	B	L	m
Z	D	A	T	U	X
V	S	U	P	O	J
E	Y	C	n	W	Y
I	J	Q	G	A	H

_____

_____

_____

_____

_____

Hard

1		6				2	8	
	8	4				6		3
		7		6		5	1	
	5		4			1	2	
		3	6		8	9		5
6		9	1		5			8
						3	6	
	9	2	3		6	8		
3		1	5		7			2

5	9	1		8			3	
8			5					
4	7	2	6		1			
			2	4	6	3	1	8
		3			7		4	
6	1	4	3				2	7
						2	8	
1		8		6	3	7	9	5
				9				3

Happy Easter

9	8		2	7		3		
	3	4	6	9		2		1
			3	4		6		
8	5			2				3
2		7	5	8			9	4
			1	6		8		2
4	2			3		9		
	1			5			2	7
			4				3	

5		6	3	7	8	1		
		3	5		9	6	2	7
				4	2	3		5
	5			6	1		3	
3	8		9		5		6	1
		1	7					
6			8				9	2
		2						
		8		9	6		1	3

Find That Word

E	R	F	W	Y	H
m	y	S	O	A	A
V	U	O	A	D	n
U	J	U	X	E	L
I	G	T	Z	Q	C
O	Y	I	P	B	K

_____ _____ _____

_____ _____ _____

_____ _____ _____

_____ _____ _____

Word Search 8

```
P H W m I E G S H E L T
H L R J V Y A H X m A R
S n A E B Y L L E J n A
X G O S A Y A E V C O D
V G A R T E n n O B I I
S V K T Q I H n F A T T
W Z n Z H C C J D T A I
E D X D R E E E S F R O
E O Q A G J R Y G J I n
T F m C L I V D I G P n
H A T C H L I n G S S C
T D A Y L I G H T K n m
U Q J X B W Q O Y A I T
R X C T U X R B X Z C X
T H P L L M B L K U R D
```

BONNET	HATCHLINGS	STORM
DAYLIGHT	INSPIRATIONAL	SWEET
DYE	JELLY BEANS	TRADITION
GATHER	MARCH	TRUTH
	PLASTIC EGGS	

Find That Word

P	O	S	G	m	u
B	A	D	Z	Q	L
L	C	A	W	K	I
E	P	V	O	L	Q
U	C	H	T	T	K
E	F	P	m	O	R

_____ _____

_____ _____

_____ _____

_____ _____

Egg Creation

Design your egg.

Extreme Dots & Boxes

Total Score

Total Score

Solutions

Easy Solutions

7	8	5	4	1	6	3	2	9
9	6	1	7	2	3	5	8	4
3	4	2	5	8	9	1	7	6
8	3	4	6	7	1	9	5	2
6	2	7	3	9	5	4	1	8
5	1	9	8	4	2	7	6	3
4	7	3	1	6	8	2	9	5
2	5	8	9	3	7	6	4	1
1	9	6	2	5	4	8	3	7

6	5	2	8	3	9	4	7	1
8	1	4	6	7	2	5	3	9
7	3	9	4	1	5	8	2	6
1	6	5	3	8	4	7	9	2
2	9	8	1	5	7	3	6	4
3	4	7	9	2	6	1	5	8
4	8	6	5	9	3	2	1	7
9	2	3	7	4	1	6	8	5
5	7	1	2	6	8	9	4	3

Happy Easter

9	4	6	8	7	3	2	1	5
1	2	8	6	4	5	9	3	7
7	5	3	1	2	9	8	4	6
6	1	2	5	8	4	7	9	3
3	8	9	2	1	7	6	5	4
4	7	5	3	9	6	1	2	8
2	9	4	7	3	8	5	6	1
8	6	1	4	5	2	3	7	9
5	3	7	9	6	1	4	8	2

6	1	3	5	2	8	7	9	4
4	9	8	6	1	7	2	5	3
5	7	2	9	4	3	8	1	6
9	4	6	7	3	5	1	2	8
7	3	5	1	8	2	6	4	9
8	2	1	4	6	9	3	7	5
1	6	9	8	7	4	5	3	2
3	8	4	2	5	1	9	6	7
2	5	7	3	9	6	4	8	1

Medium Solutions

Top-left:

4	1	3	6	8	9	2	5	7
7	5	2	1	3	4	9	8	6
9	6	8	7	2	5	1	4	3
6	7	4	3	1	2	5	9	8
1	2	5	9	7	8	3	6	4
3	8	9	4	5	6	7	1	2
8	3	6	5	9	7	4	2	1
2	9	7	8	4	1	6	3	5
5	4	1	2	6	3	8	7	9

Top-right:

1	3	5	2	9	6	8	7	4
2	9	4	3	7	8	6	5	1
7	6	8	1	5	4	3	9	2
4	8	2	5	3	9	1	6	7
6	1	9	8	2	7	4	3	5
5	7	3	6	4	1	9	2	8
9	4	1	7	6	5	2	8	3
3	5	6	4	8	2	7	1	9
8	2	7	9	1	3	5	4	6

  **Happy Easter**

Bottom-left:

5	3	7	2	4	6	1	9	8
8	4	1	5	3	9	6	7	2
9	2	6	1	8	7	5	4	3
7	8	4	6	5	1	3	2	9
3	1	5	4	9	2	7	8	6
2	6	9	8	7	3	4	5	1
6	9	2	7	1	4	8	3	5
4	5	3	9	6	8	2	1	7
1	7	8	3	2	5	9	6	4

Bottom-right:

5	6	9	1	7	2	3	4	8
8	3	7	9	6	4	1	2	5
2	4	1	8	5	3	6	7	9
4	2	6	3	1	8	9	5	7
9	8	5	6	4	7	2	1	3
7	1	3	5	2	9	8	6	4
1	7	8	2	9	5	4	3	6
3	5	2	4	8	6	7	9	1
6	9	4	7	3	1	5	8	2

Hard Solutions

Grid 1

1	3	6	7	5	4	2	8	9
5	8	4	2	9	1	6	7	3
9	2	7	8	6	3	5	1	4
7	5	8	4	3	9	1	2	6
2	1	3	6	7	8	9	4	5
6	4	9	1	2	5	7	3	8
8	7	5	9	4	2	3	6	1
4	9	2	3	1	6	8	5	7
3	6	1	5	8	7	4	9	2

Grid 2

5	9	1	7	8	4	6	3	2
8	3	6	5	2	9	4	7	1
4	7	2	6	3	1	8	5	9
9	5	7	2	4	6	3	1	8
2	8	3	9	1	7	5	4	6
6	1	4	3	5	8	9	2	7
3	6	9	1	7	5	2	8	4
1	2	8	4	6	3	7	9	5
7	4	5	8	9	2	1	6	3

  Happy Easter

Grid 3

9	8	6	2	7	1	3	4	5
5	3	4	6	9	8	2	7	1
1	7	2	3	4	5	6	8	9
8	5	1	9	2	4	7	6	3
2	6	7	5	8	3	1	9	4
3	4	9	1	6	7	8	5	2
4	2	5	7	3	6	9	1	8
6	1	3	8	5	9	4	2	7
7	9	8	4	1	2	5	3	6

Grid 4

5	2	6	3	7	8	1	4	9
8	4	3	5	1	9	6	2	7
1	9	7	6	4	2	3	8	5
7	5	9	4	6	1	2	3	8
3	8	4	9	2	5	7	6	1
2	6	1	7	8	3	9	5	4
6	1	5	8	3	7	4	9	2
9	3	2	1	5	4	8	7	6
4	7	8	2	9	6	5	1	3

Maze Solutions

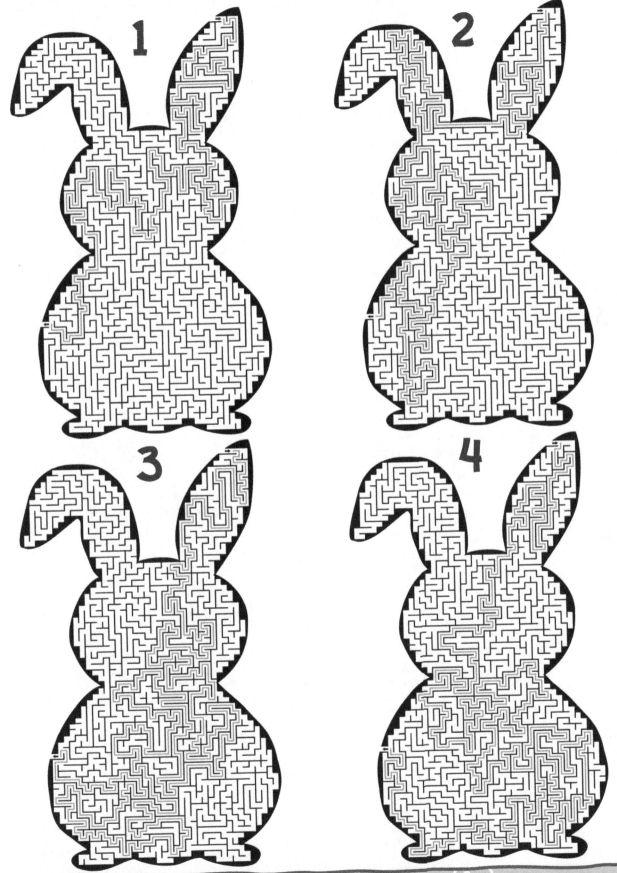

Word Search Solutions

1

2

3

4

5

6

7

8

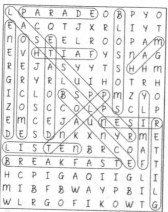